BEI GRIN MACHT SICH IHR WISSEN BEZAHLT

- Wir veröffentlichen Ihre Hausarbeit,
  Bachelor- und Masterarbeit

- Ihr eigenes eBook und Buch -
  weltweit in allen wichtigen Shops

- Verdienen Sie an jedem Verkauf

Jetzt bei www.GRIN.com hochladen
und kostenlos publizieren

Bibliografische Information der Deutschen Nationalbibliothek:

Die Deutsche Bibliothek verzeichnet diese Publikation in der Deutschen National-
bibliografie; detaillierte bibliografische Daten sind im Internet über http://dnb.d-
nb.de/ abrufbar.

Impressum:

Copyright © 2009 GRIN Verlag, Open Publishing GmbH
Druck und Bindung: Books on Demand GmbH, Norderstedt Germany
ISBN: 9783640490905

Dieses Buch bei GRIN:

http://www.grin.com/de/e-book/139146/einfuehrung-in-die-themenfelder-musik-
distribution-ueber-das-internet-und

Andy Blum

Einführung in die Themenfelder: Musikdistribution über das Internet und Internetpiraterie

Musikwissenschaftlicher Einstieg in die Ökonomie des Internets

GRIN Verlag

GRIN - Your knowledge has value

Der GRIN Verlag publiziert seit 1998 wissenschaftliche Arbeiten von Studenten, Hochschullehrern und anderen Akademikern als eBook und gedrucktes Buch. Die Verlagswebsite www.grin.com ist die ideale Plattform zur Veröffentlichung von Hausarbeiten, Abschlussarbeiten, wissenschaftlichen Aufsätzen, Dissertationen und Fachbüchern.

Besuchen Sie uns im Internet:

http://www.grin.com/

http://www.facebook.com/grincom

http://www.twitter.com/grin_com

erstellt für:
Justus Liebig Universität Gießen
FB03: Institut für Musikwissenschaften/-pädagogik
Seminar: Musik und Ökonomie
WS2008/09

Einführung in die Themenfelder: Musikdistribution über das Internet und Internetpiraterie

Musikwissenschaftlicher Einstieg in die Ökonomie des Internets

Ausgearbeitet von:
Andy Blum
Diplom Pädagogik / 6.Fachsemester

Inhalt

1. Ziel der Arbeit......3

2. Wichtige Begriffe und Grundlagen......3

   2.1. Übersicht der Musikformate......4

      2.1.1. WAV / AIFF......4

      2.1.2. MP3......5

      2.1.3. AAC......6

      2.1.4. WMA......7

      2.1.5. FLAC......7

   2.2. Metadaten und DRM-Maßnahmen......7

   2.3. GEMA vs. Creative Commons......9

3. Formen und Möglichkeiten von Musikdistribution über das Internet – Die „legale" Welt......10

   3.1. Shops und Abrechnungsverfahren......10

   3.2. Netzwerke......13

4. Die illegale Alternative – Formen von Internetpiraterie......15

5. Exkurs: Was der Kunde wünscht – Kaufverhalten im Internet......17

6. Quellenverzeichnis......19

   6.1. Literatur......19

   6.2. Internetquellen......19

1. Ziel der Arbeit

Das Internet steht heute bereits für einen Raum unbegrenzter Möglichkeiten und gleichzeitig rechtlicher Grauzonen. Virtuelle Güter und Informationen können über die ganze Welt in immer höherer Geschwindigkeit verschoben und kopiert werden. Nicht zuletzt aus diesem Grund formuliert Lüder Castringius *„Das Internet war einige Jahre lang so etwas wie das Schreckgespenst der Musikwelt".* [1] Dieses Zitat soll in dieser Arbeit von verschiedenen Seiten betrachtet werden.

Der Begriff der Einführung im Titel der Arbeit impliziert den nötigen Respekt gegenüber der Komplexität des Themas Musik und Internet. Zu vielschichtig, zu umfangreich, und in ständiger Veränderung begriffen sind die Ansätze, in denen sich die legalen sowie illegalen Ausformungen präsentieren. Daher wird an dieser Stelle ein Fundament gelegt, auf dem ein weiterführendes Verständnis in den Themenkomplex aufbauen kann. So sollen die Vor- und Nachteile der einzelnen Formate digitaler Musik erläutert werden, Lizenzmodelle gegeneinander gestellt und Erscheinungen präsentiert werden, welche sich produktiv und kontraproduktiv auf die Ökonomie der Musikindustrie ausgewirkt haben. In einem letzten Exkurs erfolgt sodann eine Aufstellung der Differenzen vom Einkauf in einem Plattenladen gegenüber dem Erwerb digitaler Musik aus Sicht des Kunden.

2. Wichtige Begriffe und Grundlagen

Bevor nun die Themenfelder der Distribution und Piraterie von Musik über das Internet geöffnet werden können, bietet es sich an, die grundlegenden Fakten bezüglich dieses Komplexes vorzustellen. Die alleinige Erläuterung der verschiedenen Formate und Plattformen in der digitalen Welt ermöglicht einen Einstieg in das problematische Verhältnis von legaler und illegaler Verbreitung von Musik über das Internet. Allerdings herrschte auch hier lange Zeit Unklarheit, welches Verhalten im Internet international als illegal zu bezeichnen ist. Um am Thema des Seminars zu verbleiben, könnten die Begriffe „illegal" vs. „legal" auch ersetzt werden durch „ökonomisch für den Konsumenten" vs. „ökonomisch für die Industrie", um an dieser Stelle ein wenig Kritik an der inflationären Produktion von kurzlebigen Künstlerkarrieren zu üben und sich mit der Schwierigkeit der Konsumenten zu solidarisieren, trotz mangelnder finanzieller Mittel immer „up to date" zu sein. [2]

---

[1] Zit. nach Rodriguez, Tina (hg.) (2007) „www.musikverkaufen.de" Musikmarkt-Verlag München Seite 11
[2] auf die juristische Situation bezüglich der Verbreitung von Musikdateien soll im Weiteren nicht eingegangen werden. Hierzu: Strack, Jan (2003) „Musikwirtschaft und Internet" Magisterarbeit im Fach Musikwissenschaften Universität Gießen. Speziell Kapitel 4.6

Um die Entstehung von Filesharingsystemen und die lange Epoche der Konkurrenzlosigkeit illegaler Angebote zu verstehen, werden die letzten Entwicklungen sowohl im Dateisystem wie auch auf der Ebene von Kopierschutz, Rechtemanagement und Internetpräsenz von Distributoren vorgestellt, die in den Kinderschuhen von der Tonträgerindustrie zum eigenen Leid versäumt wurden, wodurch der Internetpiraterie ein Sozialisationsvorsprung eingeräumt wurde, auf welche Art digitale Musik zu beschaffen ist. Auch stellen sich bei der Vorstellung der letzten Entwicklungen neue und alte Defizite heraus, die eine Umgewöhnung an den käuflichen Erwerb digitaler Musik erschweren. Die neuste Entwicklung lässt jedoch positiv stimmen. Viele neue Distributionsformen sind entstanden, die es dem Konsumenten ermöglichen in angemessenem Umfang Zugang zu Musik zu erhalten, wobei auch der Künstler durch die Verbreitung seine ökonomische Wertschätzung erhält.

2.1. Übersicht der Musikformate

Die Verbreitung von Musik über das Internet unterscheidet sich maßgeblich von der herkömmlichen Vermarktung physischer Tonträger. Zum einen können digitale Formate ohne entsprechende Maßnahmen unkontrolliert verbreitet und kopiert werden. Zum anderen ist die logistische Position zweier Internetnutzer vollkommen unerheblich und mit einfachen Mitteln für dritte zu verschlüsseln. In den Anfängen des Internets findet sich noch ein drittes Problem: die Datenmengen müssen für das Versenden sehr klein gehalten werden. Durch hohe Bandbreiten ist dieses Problem aus heutiger Sicht – jedoch nicht für die generelle Entwicklung der Dateitypen – zu vernachlässigen.

Um diesen Problemen vorzugreifen, wurden verschiedene Dateiformate entwickelt, welche sich in einzelnen Punkten maßgeblich voneinander unterscheiden. Von einem Standardformat ist jedoch bis heute nicht zu sprechen, anders als es bei einer Audio CD der Fall ist. Es geht bei den unterschiedlichen Formaten im Allgemeinen um vier Hauptmerkmale: Qualität, Kompatibilität, Kontrolle und Größe.

2.1.1.WAV / AIFF

Das „Waveform Audio Format" (WAV) und das „Audio Interchange File Format" (AIFF) unterscheiden sich grundlegend in ihrer Verbreitung und ihrem Ursprung. WAV ist ein Produkt von Microsoft, wogegen AIFF dem Computerhersteller Macintosh zugerechnet wird. Die Form der Datenspeicherung ist jedoch bei beiden Dateitypen identisch. Diese Formate sind die ältesten digitalen Standard-Speicherformen von Audiosignalen und gelten als die kompatibelsten und am weitesten verbreiteten Formate überhaupt.[3] Gleichzeitig ist das Klangspektrum dieser Dateitypen dem Spektrum analoger Tonmedien sehr ähnlich, was diese Formate auch qualitativ hervorhebt.

Nachteilig ist anzumerken, dass sowohl WAV als auch AIFF durch die ungefilterte Wiedergabe aller auf einer CD hörbarer Klänge sehr große Datenmengen beinhalten und für das Versenden und das Verwalten – speziell auf alten Medien – schlicht zu groß sind. Ebenfalls zum Leidwesen der Industrie ist in diesen Formaten keinerlei Implementierung von Metadaten möglich, was die Identifizierung und Katalogisierung von WAV-/AIFF-Dateien sehr erschwert.

2.1.2. MP3

Das Musikformat MP3 steht auch heute noch als Synonym für Musik aus dem Internet.[4] Entwickelt am Frauenhofer Institut, als Teil der Motion Picture Experts Group, ist eine MP3-Datei ein Fragment des Videoformats MPEG-1, welches lediglich die Audiodaten, nicht aber die Videodaten, enthält. Das Format MPEG-1 selbst wurde speziell für das Versenden von Videodaten entwickelt und ist demnach sehr kompakt.[5] Im Verhältnis zu einer Musikdatei im WAV-Format kann die Größe einer MP3-Datei durch die Speicherform und durch das Entfernen für den Menschen nicht hörbarer Frequenzen auf das Acht- bis Zehnfache reduziert werden, ohne dass die subjektiv spürbare Klangqualität abnimmt.[6]

Unbestätigt, aber selbst in der Fachliteratur zu finden, soll dieses Format bereit in den 1980er Jahren der Plattenindustrie vorgestellt worden sein.[7] Diese hat zu diesem Zeitpunkt jedoch keine Perspektiven in der digitalen Musik erkannt und zu späterem Zeitpunkt ihre Hoffnungen in das Medium CD gelegt. Mit dieser Entscheidung wurde die MP3-Datei zur leichten und schnell verfügbaren Alternative innerhalb des freien Datenverkehrs des Internets und zum Inbegriff der kostenlosen Musik.

Um das Beispiel von Cooper und Harrison[8] auf die heutige Zeit zu übertragen, betrachten wir den Preis für eine Festplatte der Größe 1000GB: ca. 100€.[9] Auf dieser Festplatte können 208322 Musiktitel mit einer durchschnittlichen Länge von 300 Sekunden gespeichert werden.

---

[3] vgl. Rodriguez 2007, Seite 30
[4] vgl. Rodriguez 2007, Seite 28
[5] vgl. Cooper, J. / Harrison, D. M. (2001) „The social organisation of audio piracy on the Internet" In: „Media, Culture & Society" Vol. 23, Seite 72
[6] ebd. Seite 73
[7] Rodriguez 2007, Seite 16
[8] Cooper und Harrison verrechneten in ihrem Artikel den Preis einer Festplatte mit der maximalen Anzahl von dort speicherbaren Musiktiteln mit einer Länge von 3 Minuten, um den Preis pro Titel zu erfassen. vgl. Cooper/Harrison 2001, Seite 72
[9] vgl. http://shop.myby.com/1000GB-USB2.0-3-5-RTL/DySsFFZ7kKgAAAEa0_Y6FLh1-detail.html [Stand: 04.02.2009]

Daraus ergeben sich Kosten von nicht einmal 0,05 Cent, die zudem nicht an die Musikindustrie, sondern direkt an den Festplattenhersteller abgeführt werden. Aufgrund dieser Erkenntnis jedoch unmittelbar auf eine verminderte Wertschöpfung von Musik zu sprechen, wäre jedoch fatal. Es handelt sich, wie Jan Strack bereits erkannt hat, um eine veränderte Wertschöpfung der Musik.[10]

Eine Neuerung gegenüber dem WAV-/AIFF-Format ist das Einbinden von Metadaten. Ursprünglich noch nicht in der reinen MP3 Datei enthalten, wurde der Datencontainer ID3 entwickelt, der innerhalb der MP3-Datei wenige Metadaten speichern konnte. [11] Die wichtigsten Informationen zu einem Titel können über spezielle Abspielprogramme und Wiedergabemedien ausgelesen werden, was das Verwalten und Katalogisieren, sowie das Erstellen eigener Playlists stark vereinfacht. Auch die Verbreitung des MP3-Formats steht in geringem Abstand hinter WAV und AIFF, was ebenfalls für die Verwendung dieses Formats spricht. Schnell hat die Industrie erkannt, dass der letzte Nachteil in der mangelnden Transportierbarkeit des Formats liegt und Medien entwickelt, die das Abspielen von MP3-Dateien an jedem Ort ermöglichen.

Für die Industrie sehr von Nachteil ist die mangelnde Option, DRM-Maßnahmen in den Dateityp zu implementieren. Es gibt demnach keine Restriktions- und Limitierungsfaktoren für die Nutzung und den Erwerb von Titeln des MP3-Formats. Auch als nachteilig zu bewerten ist der Umstand, dass die MP3-Datei von der ersten Stunde – durch fehlende Präsenz der Plattenindustrie – für den kostenlosen Austausch von Musik vereinnahmt wurde.

2.1.3. AAC

Advanced Audio Coding (AAC) ist ebenfalls ein Produkt der Motion Picture Experts Group und stellt eine Weiterentwicklung des MP3-Formats dar. Die großen Vorzüge dieses Dateityps sind die höhere Kompression, wobei die Klangqualität besser ist als beim Vorgänger, und die erweiterten Metadaten, die das Einbinden von DRM-Maßnahmen ermöglichen. Verwendet wird dieser Dateityp beispielsweise im iTunes Musicstore.[12]

Aber genau dort liegen auch die Nachteile. Durch die erweiterten Metadaten und DRM-Maßnahmen ist der Nutzer des iTunes Musicstore an Apple Produkte gebunden und kann seine Titel nicht auf anderen Medien abspielen. Viele MP3-Player sind nicht für das AAV-Format ausgelegt, was in erster Linie eine gravierende Umstellung im Hörverhalten des

---

[10] vgl. Strack 2003, Seite 76ff
[11] vgl. http://www.id3.org/ [Stand: 06.02.2009]
[12] vgl. Rodriguez 2007, Seite 29

Konsumenten bedeutet. Die Freiheit, die erworbene Musik überall zu hören wird somit eingeschränkt, was auch die Kaufbereitschaft mindert.

2.1.4.WMA

Das Windows Media Audio Format (WMA) präsentiert sich als unglücklicher Mittelweg zwischen MP3 und AAC. Von Microsoft entwickelt – mit dem Ziel gegenüber Apple konkurrenzfähig zu bleiben – bietet dieses Format eine geringere Qualität als die des MP3-Formats und die Kompatibilitätsschwierigkeiten einer AAC-Datei.[13] Lediglich das Einbinden von DRM-Maßnahmen und die Verbreitung von Windows Betriebssystemen rechtfertigt die Verbreitung dieses Dateityps, der ansonsten in allen Belangen den anderen Formaten nachsteht.

2.1.5.FLAC

Das Free Lossless Audio Codec Format (FLAC) ist die jüngste hier vorgestellte Entwicklung, welche sich eher in der Tradition von WAV und AIFF befindet. Wogegen andere Formate nicht hörbare Frequenzbereiche aussparen und vermeiden, behält das von der Xiph.org Foundation gegründete Format nahezu die Qualität einer Audio CD. Der Grad der Komprimierung kann hierbei je nach Komplexität des Stückes 50% der Größe einer WAV-Datei betragen.[14] Das macht diese Dateien immer noch nicht so transportabel wie beispielsweise die MP3, jedoch ist es nunmehr nicht mehr so wichtig, die Größe einer Datei so drastisch zu reduzieren, da die Größen von Datenträgern und die Bandbreiten von Internetverbindungen eine völlig neue Option der Rückführung zu alter Klangqualität anbieten.

Als Kritik anzumerken ist hier doch mehr als bei allen bisherigen Formaten die mangelnde Kompatibilität mit Software und Medien der Wiedergabe. So bleibt das FLAC-Format vorerst mehr ein Nischenangebot für Konsumenten, denen die Klangqualität sehr bedeutsam ist.

2.2. Metadaten und DRM-Maßnahmen

Da auf digitaler, non-physischer Ebene der Faktor Verpackung entfällt, müssen Möglichkeiten geschaffen werden, ein Produkt klar zu identifizieren. Metadaten übernehmen hier diese Aufgaben.[15] Begonnen bei grundlegenden Informationen wie Interpret, Titel, Album und Jahr, umfassen die Metadaten in AAC-Formaten beispielsweise auch Codes, mit deren Hilfe eine genaue Abrechnung bewerkstelligt werden kann. Für den Shop dienen

---

[13] ebd.
[14] vgl. Rodriguez 2007, Seite 30
[15] vgl. Rodriguez 2007, Seite 33

Metadaten demnach hauptsächlich zur Einordnung des Angebots und der Abrechnung von Käufen. Der Kunde kann sich anhand der Daten orientieren und die Netzwerke ihrerseits haben über die Erfassung der Metadaten die Möglichkeit eine Präferenzgenerierung des Hörverhaltens zu schaffen.

Die Idee des Digital Rights Management (DRM) ist der Schutz von Urheberrechten, Raubkopien und der Sicherung der Abrechnung von Lizenzen.[16] Gerrit Pohl fasst dabei die Kompetenz des DRM folgendermaßen zusammen: *„Es kann mittels DRM-Systemen genau geregelt werden, welcher Nutzer einen bestimmten Medieninhalt in welcher Form an welchen Ort in welcher Häufigkeit konsumieren darf."*[17] Es gibt hierbei drei Kategorien von Rechten, die vom Rechteinhaber flexibel kontrolliert werden können. Die erste Form bezeichnet das Wiedergaberecht, welches im Fall der Musik das Hören des Titels beinhaltet. So kann über DRM-Systeme das dreimalige Testhören vor dem Kauf eines Titels bestimmt werden. Das Abspielen der Datei ist durch das System nach drei Vorgängen nicht mehr möglich. Die Datei wird für den Nutzer unbrauchbar. Die zweite Kategorie ist das Transportrecht. Über dieses Recht wird eingeschränkt, wie häufig die Datei kopiert werden darf, und ob sie verschenkt bzw. ausgeliehen werden kann und sich temporär nicht mehr im Besitz des Käufers befindet. Der letzte Punkt ist das Recht, abgeleitete Werke zu erstellen. Damit kann die Möglichkeit eingeschränkt werden, Samples aus der Datei zu entnehmen, einzufügen und den Titel zu editieren.[18]

Gegen die Internetpiraterie arbeiten DRM-Systeme auf zwei Arten. Der Käufer eine geschützten Datei kann beim illegalen Einstellen der Datei in Filesharingnetzwerke zurückverfolgt werden, da benutzerbezogene Daten durch den Kauf der Datei erfasst werden. Das herunterladende Klientel seinerseits kann den Titel auf dem eigenen System gar nicht abspielen, was die Daten für sie wertlos macht.[19]

Was in der Theorie ein Mittel gegen die illegale Verbreitung und Nutzung von Musik ist, ist in der Praxis tatsächlich ein eher problembehaftetes Feld. Nicht zuletzt sind es DRM-Maßnahmen, die den Nutzer an bestimmte Soft- und Hardware bindet, da jeder Dateityp eigene Systeme verwendet. Das Kompatibilitätsproblem gepaart mit der Erhebung personenbezogener Daten – als Eingriff in die Privatsphäre des Kunden – schafft bei vielen

---

[16] vgl. Rodriguez 2007, Seite 48f
[17] Zit. nach Rodriguez 2007, Seite 50
[18] vgl. Rodriguez 2007, Seite 53f
[19] vgl. Rodriguez 2007, Seite 60

Konsumenten ein Überwiegen der Umständlichkeit im Umgang mit DRM-Maßnahmen vs. den Schutz von Lizenzen und der sicheren Wahrung persönlichen Eigentums.[20]

2.3. GEMA vs. Creative Commons

Da es bislang kein international gleiches Recht zum Schutz von Lizenzen gibt, wird in diesem Abschnitt die deutsche Rechtssituation erläutert. Der Fokus liegt dabei auf der Vorstellung zweier Prinzipien, die sich in ihrer Anwendung in der Form gegenseitig ausschließen, da sie auf einen differenten Nutzen von geistigem Eigentum abzielen.[21]

Das „All-Rights-Reserved"-Prinzip der GEMA stellt eine sichere ökonomische Wertschöpfung des lizensierten Materials dar. Nach deutschem Urheberrecht erhält der Künstler schon bei der Herstellung eines Werkes die Rechte an diesem. Will eine andere Person dieses Werk verwenden, so muss an die Verwertungsgesellschaft des Urheberrechts (GEMA) ein Beitrag gezahlt werden, der dem Künstler zugute kommt. Auf diese Weise stellt das bestehende Urheberrechtssystem eine potentielle Einnahmequelle für den Künstler dar. Bei einer Verwendung ist zudem der Kontakt zwischen Lizenzinhaber und Lizenznehmer unerlässlich.

Ein Alternativmodell, welches seine Legitimation gerade aus der Vielfalt von digitalen Angeboten bezieht, sind die Creative Commons. Der Leitsatz ist hier ein flexibles „Some Rights Reserved." Als Non-Profit-Organisation konstruiert, bieten die Creative Commons lediglich Lizenzverträge an, nach denen geistiges Eigentum anderen zugänglich gemacht werden kann. Im einfachsten Lizenzvertrag ist hier geregelt, dass bei einer Verwendung des Werkes lediglich der Name des Rechteinhabers genannt wird. Der komplexeste Vertrag restringiert die kommerzielle Nutzung des Werkes und verlangt, dass abgewandelte Werke nur unter gleichen Lizenzbedingungen wie das Original verwendet werden dürfen.[22] In jedem Fall bleibt das Verwendungs- und Bearbeitungsrecht frei. Die Idee dahinter ist ein freier Austausch von Kreativität, ohne unmittelbaren Kontakt mit dem Rechteinhaber halten zu müssen. Damit können sich Künstler gegenseitig inspirieren und ein Zeichen setzen für den freien Zugang zu Kulturgütern. Gleichzeitig ist der freie Zugang zu diesen Werken eine kostenlose Eigenwerbung, da diese Werken für jeden leicht verfügbar sind.[23]

---

[20] vgl. Rodriguez 2007, Seite 62f
[21] vgl. Rodriguez 2007, Seite 164f
[22] vgl. http://creativecommons.org/licenses/by-nc-sa/2.0/de/ [Stand: 09.02.2009]
[23] vgl. http://de.creativecommons.org/was-ist-cc/ [Stand: 09.02.2009]

3. Formen und Möglichkeiten von Musikdistribution über das Internet – Die „legale" Welt

In kurzer Form widmet sich dieses Kapitel der Vorstellung unterschiedlicher Internetpräsenzen zur Vermarktung von Musik. Es wird nicht darauf abgezielt, vollständig Werbung für Plattformen zu machen. An dieser Stelle soll vielmehr die Vielfalt und Kreativität von Angeboten präsentiert werden, mit der der Internetnutzer an das legale Herunterladen von Musik geführt wird, bzw. ihm neue Künstler und Genres näher gebracht werden sollen. Im Abschnitt der Netzwerke wird weiter darüber aufgeklärt, wie Künstler der gesamten Welt unter sich und mit ihren Fans organisiert sind. Auffällig ist hierbei, dass die Grenzen zwischen Shops und Netzwerken fließend sind. So nimmt nahezu jeder der hier vorgestellten Shops für sich in Anspruch, seiner Community die neusten Informationen zu Lieblingskünstlern bereitzustellen und gezielt Empfehlungen zu generieren.

3.1. Shops und Abrechnungsverfahren

Die Verkaufsplattform *Amazon* stellt den altbekannten Verkauf von Musik im neuen Medium Internet dar. Angeboten werden physische Datenträger (CDs, Schallplatten), welche über das Internet gekauft werden können. Damit stellt Amazon ein klares Äquivalent zu Musikhändlern des traditionellen Marktes dar, hat dazu jedoch den Bonus, dass von zu Hause aus erworben und bezahlt werden kann.

Viel interessanter sind hingegen Shops, welche sich ausschließlich auf den Verkauf non-physischer Musik beschränken. Der *iTunes Music Store* ist wohl das bekannteste Pay-per-Track Angebot der Welt und gilt als erster Hoffnungsträger der Eroberung des digitalen Musikmarktes.[24] Ursprünglich galt die Software als Promotionsbeilage zum Abspielgerät iPod der Herstellers Apple. Durch das Angebot rentabler Prämien und den zunächst überschaubaren, gut situierten Nutzerkreis des iPods (sichergestellt durch hohe Anschaffungskosten) konnten die Majorlabels für die Zusammenarbeit mit dem Projekt gewonnen werden. Längst über die Musik hinaus bezeichnet sich der iTunes Store heute als Anbieter digitaler Unterhaltungsinhalte und Verwalter der eigenen Musiksammlung auf PC und Apple Produkten.[25] Dieses Angebot geht weit über ein reines Vollsortiment im musikalischen Bereich hinaus und verweist bereits auf das Eingehen auf die Wünsche des Konsumenten, die im Exkurs unten näher erläutert werden sollen. Verwendet wird im Shop das AAC-Format für erworbene Titel. Selbst konvertierte CDs erhalten das freie MP3-Format.

---

[24] vgl. Rodriguez 2007, Seite 11
[25] vgl. http://www.apple.com/de/itunes/whatis/ [Stand: 09.02.2009]

Die Benutzerfreundlichkeit der Software war Vorbild für viele kleinere Anbieter, die vom Erfolg des Produkts gleichermaßen profitierten. Durch die Nutzung des iTunes eigenen DRM-Systems Fairplay, welchen von allen Labels akzeptiert wurde, ist auch beispielsweise das Testhören von Songs möglich, was dem Kunden einen gezielteren Einkauf ermöglicht.[26] Der Einfluss des iTunes Stores ist besonders spürbar bei dem Vergleich der shopinternen Charts mit den Single Charts in Deutschland. Über diesen Shop ist es bereits möglich, einen großen Nutzerkreis anzusprechen und ökonomischen Erfolg zu erzielen, indem die Veröffentlichungen nur noch Online geschehen. Ein potentieller Nachteil in der Verkaufsform Pay-per-Track ist hingegen im Verfall der Albumkultur zu sehen. Der Konsument kann so gezielt die besten Songs einer Band erwerben, ohne das vollständige Album kaufen zu müssen. Möglicherweise als positiv wird dies jedoch bereits in der Musikszene aufgefasst, wie es beispielsweise die Band „Muse" proklamiert, als sie eine Ankündigung zum Verzicht des Albumformats ausgeben.[27] Der Verlust eines Albums als Gesamtkunstwerk ist hingegen auch als Vorteil für Künstler aufzufassen, die ihre Songs unmittelbar nach der Entstehung an die Kunden weitergeben können, was eine höhere Flexibilität in der Produktion zur Folge haben kann. Der Verwaltungsaufwand zur Abrechnung von Einzelkäufen ist dennoch immens hoch.

Ein so genanntes Flatrateangebot bietet der ehemalige Filesharingpionier *Napster* (www.napster.de). Das Prinzip des Musikerwerbs ist dort relativ einfach. Für einen monatlichen Festbetrag hat der Nutzer unbegrenzten Zugang zur gesamten Musikdatenbank von Napster. Die Musik kann auf bis zu drei Computer heruntergeladen werden oder per Onlinestream mit den Nutzerdaten überall angehört werden. Die Abspielrechte verfallen jedoch bei Kündigung des Vertrages. Es handelt sich hier demnach eher um das Mieten von Titeln. Das Kopieren und das Behalten sind über den Erwerb von Einzeltiteln möglich, was mit zusätzlichen Kosten verbunden ist.[28] Der Vorteil an diesem Angebot ist, dass der Nutzer nicht abwägen muss, welchen Titel er sich leisten möchte und es so eher dazu kommt, unbekannte Künstler kennenzulernen und in neue Genres hinein zu hören. Nachteilig zu bewerten ist hier, wie auch zuvor erwähnt, dass durch die Restriktionsmaßnahmen die Musik primär auf dem PC des Konsumenten verbleibt. Das Angebot der Onlineflatrate schafft dabei nur denjenigen Abhilfe, die ein kompatibles Abspielmedium besitzen. Der Standard MP3-Player ist hier zumeist im Nachteil.

---

[26] vgl. Rodriguez 2007, Seite 21
[27] vgl. http://www.nme.com/news/muse/35162 [Stand: 09.02.2009]
[28] vgl. http://www.napster.de/ [Stand: 07.02.2009]

„Auf Jamendo stellen Künstler ihre Musik frei zur Verfügung - Unlimitiert, kostenlos und legal."[29] Mit diesem Slogan wirbt die Internetplattform *Jamendo* (www.jamendo.com/de), welche sich ausschließlich mit Künstlern beschäftigt, die nach dem neuen Lizenzmodell der Creative Commons arbeiten.[30] Finanziert wird die Plattform überwiegend durch Spenden. Der Nutzer meldet sich zwar an, ist aber zu keinem Zeitpunkt verpflichtet einen Beitrag zu zahlen. Die Musik wird per Online Stream und Download angeboten, wobei auf das MP3-Format gesetzt wird. Der Download funktioniert entweder direkt über die Künstlerseite oder über gängige Peer-to-Peer Netzwerke wie beispielsweise BitTorrent. Der Vorteil hierbei ist, dass der Konsument wie gewohnt mit den von ihm erworbenen Dateien umgehen kann, und diese dank des verbreiteten MP3-Formats überall verfügbar sind. Jamendo ist als größte Plattform dieser Art auch eine Chance für neue Künstler, welche im relativ dünnen Repertoire der Plattform schneller auffallen dürften. Nachteilig ist zu bewerten, dass die Finanzierung über Spenden mehr Spekulation und potentielle Ausfälle bedeutet. Der Reichtum, der durch einen Majordeal in Aussicht steht, bleibt hier vollkommen unwahrscheinlich. Auch ist das Sortiment durch die Beschränkung auf Creative Commons Verträge noch sehr klein, da dieses Lizenzsystem noch keine weitreichende Verbreitung unter den Künstlern gefunden hat.

Das Prinzip des Internetanbieters *Amie Street* (www.amiestreet.com) fördert konkret unbekannte Künstler und schafft einen Ausgleich zwischen dem Kennenlernen neuer Künstler und der Wertschätzung beliebter und bekannter Interpreten. Das Modell des „Dynamic Pricing" ermittelt die Kosten für einen Titel oder ein Album nach der Beliebtheit innerhalb der Amie Street Community. Der Preis steigt, je mehr Menschen sich das jeweilige Produkt herunterladen bis zu einer Obergrenze, die mit den Preisen anderer Shops durchaus mithalten kann.[31] Zu Beginn sind die meisten Songs kostenlos, oder für wenige Cents erhältlich. Das Bezahlsystem verläuft über ein Guthabenkonto, welches mit einer Kreditkarte oder einem Paypalaccount geladen werden kann. Das Dateiformat ist auch hier die MP3. Die großen Vorteile liegen hier in der freien Verfügbarkeit unbekannter und sehr neuer Interpreten und Titel. Hat ein Künstler eine gewisse Aufmerksamkeit innerhalb der Community erreicht, so steigt seine finanzielle Wertschöpfung stetig an. Durch das Format der MP3 geht der Download direkt in den Besitz des Nutzers über, der über die Datei frei verfügen kann. Der Nachteil – wenn man es als solchen sehen will – liegt auch hier in der begrenzten Künstlervielfalt. Topacts werden weniger gewillt sein, bei Amie Street für zunächst wenig

---

[29] vgl. http://www.jamendo.com/de/ [Stand: 07.02.2009]
[30] siehe hierzu Kapitel 2.4. Copyright vs. Creative Commons
[31] vgl. http://amiestreet.com/ [Stand: 07.02.2009]

Ertrag angeboten zu werden. Resümierend wird Amie Street jedoch dem Motto gerecht, durch den kostenfreien Zugang auch „unbekannten Acts eine Chance zu geben."[32]

3.2. Netzwerke

Netzwerke bieten auf verschiedenen Ebenen großes Potential für Konsumenten und Interpreten. Auf der Seite der Künstler steht die Selbstinszenierung und –vermarktung im Vordergrund. Die Konsumenten sehen sich in Netzwerken in einer unmittelbaren Beziehung zu den Künstlern und finden gleichzeitig einen Ort, um sich mit Gleichgesinnten auszutauschen und neue Informationen zu erhalten. Auch ist zu beobachten, dass die Grenze zwischen Interpret und Konsument oft nur schwer sichtbar ist und teilweise sogar komplett verwischen kann, da es jedem in den hier vorgestellten Netzwerken möglich ist, eigene Werke einzustellen und sich selbst auf die Seite der Künstler zu platzieren. Ausgewählt wurden für die Vorstellung vollkommen unterschiedlicher Herangehensweisen an das Thema Vermarktung von Musik, Schaffung einer Fanbase und Kontakt der Benutzer die Plattformen Youtube (www.youtube.com), MySpace (www.myspace.com) und Last.FM (www.last.fm). Auch hier liegt der Fokus nicht auf der Werbung für diese Angebote, sondern auf der Frage, auf welche Weise diese drei Plattformen dem Künstler ökonomischen Erfolg verschaffen.

Das 2005 gegründete Unternehmen *Youtube* zählt heute zum erfolgreichsten Online Videoportal der Welt. Bereits im November 2006 wurde der Suchmaschinenriese Google Inc. auf Youtube aufmerksam und würdigte das Prinzip mit Übernahmekosten von 1,65 Milliarden USDollar.[33] Die Idee ist dabei recht einfach. Benutzer können Videos auf der Seite einstellen, die von anderen angesehen, bewertet und empfohlen werden können. Gleichzeitig bietet die Seite eine Möglichkeit, die Videos innerhalb anderer Seiten einzubetten und somit über die eigene Internetadresse hinaus zu verbreiten. Weiter können angemeldet Benutzer das Angebot anderer abonnieren und werden so direkt über die Startseite über die Aktivitäten der Benutzer informiert. Die Startseite bietet überdies auch Empfehlungen von Videos, die laut der Youtuberedaktion besonders angesagt sind.[34] Die Indikatoren, wie erfolgreich ein Video ist, sind hierbei die Häufigkeit des Zugriffs auf ein Video, die Bewertung durch die Benutzer, die Videoantworten, die durch andere Benutzer verfasst wurden, und auch die Diskussion, an der sich alle Benutzer direkt unterhalb des Videofensters beteiligen können. Für das Themenfeld Musik bedeutet diese Plattform eine Vermarktungsgrundlage für Videoclips, da der visuelle Faktor im Vordergrund steht. Deutsche Erfolgsbeispiele sind in der jüngsten Vergangenheit

---

[32] vgl. Rodriguez 2007, Seite 169
[33] vgl. Rodriguez 2007, Seite 12
[34] vgl. http://www.youtube.com/t/faq [Stand: 09.02.2009]

der „kleiner Hai" von Alemuel[35] sowie die Kunstfigur Alexander Marcus des Berliner House-Produzenten Felix Rennefeld.[36] Dabei ist jedoch zu beachten, dass der Unterhaltungswert zumeist eine weit größere Rolle einnimmt als das musikalische Talent. So konnten aus Deutschland noch keine überlebensfähigen Karrieren durch die Youtube-Plattform erzielt werden. Für einen Aufenthalt in den Single-Charts ist ein hoher Youtube-Bekanntheitsgrad allerdings eine gute Basis.

MySpace ist eine Online Community, die sich prinzipiell mit der Idee von Facebook und StudiVZ vergleichen lässt. Es soll ein Netzwerk aus Freunden entstehen, welche sich nach ihren Interessen orientieren und zueinander finden. Die Idee des „wer kennt wen" ist auch konkret im Selbstbild verfasst: *„Es ist immer spannend zu erfahren, wer wen kennt oder welche Connections du hast."* [37] Schnell wurde die Plattform jedoch von der Musik eingenommen und für diese modifiziert. Es entstanden darauf zwei Benutzergruppen, Künstler und normale Nutzer. Der Künstleraccount unterscheidet sich durch einige Features, wie beispielsweise einen Player, in dem eigene Songs eingestellt und zum Hören oder sogar zum Download bereitgestellt werden können. Ein anderes Feature ist der Tourplan, sodass für andere Nutzer unmittelbar ersichtlich ist, wo sich die Band/der Künstler in nächster Zeit aufhalten wird. Der Fokus auf den auditiven Bereich macht MySpace daher für Musiker noch interessanter. Der Künstler kann vor dem Release eines Albums bereits über die Hörerzahlen der einzelnen Stücke eine Singleauskopplung ableiten. Auch können kleine Gruppen sich hier präsentieren und untereinander organisieren und für sich gegenseitig werben.

Als letztes Netzwerk begibt sich *Last.FM* in die Bereiche der Präferenzgenerierung und des unmittelbaren Vertriebs über das Verkaufsportal Amazon. Auch hier finden sich die Benutzer in Künstler und normale Nutzer unterteilt. Last.FM bietet dabei die Möglichkeit ein Programm herunterzuladen, welches das eigene Hörverhalten aufzeichnet (über Abspielsoftware wie Winamp oder den Windows Media Player), Empfehlungen direkt aus dem Internet hörbar bereitstellt oder die Musikbibliotheken der Freunde abspielt. Auf diese Weise entstehen Statistiken und Vergleichsmöglichkeiten, auf dessen Grundlagen Benutzer Gleichgesinnte in der ganzen Welt finden können, mit denen sie sich über ihren Musikgeschmack austauschen. Durch das „Taggen" von Liedern und Interpreten mit assoziativen Begriffen durch die Community selbst werden dem Benutzer andere Künstler mit ähnlichen Tags vorgestellt, als diejenigen, die sich bereits in seiner Statistik befinden. Auf diese Weise bekommen unbekannte Künstler allein durch die Parallelen zu Bekannten

---

[35] vgl. http://www.kleiner-hai.com/ [Stand: 09.02.2009]
[36] vgl. http://www.spiegel.de/kultur/musik/0,1518,549506,00.html [Stand: 09.02.2009]
[37] vgl. http://www.myspace.com/index.cfm?fuseaction=misc.aboutus [Stand: 09.02.2009]

Aufmerksamkeit. Weitere Funktionen sind ebenfalls das Organisieren in Gruppen und das Markieren von Konzerten, auf die einzelne Benutzer zu gehen planen. Mit diesem Prinzip schafft Last.FM eine bedeutende Kommunikationsgrundlage rund um die Musik. Christoph Bornefeld-Ettman fasst die Funktion dieser und vergleichbarer Communities wie folgt zusammen: „*[…]natürlich spielt auch hier die Identifikation über Musik und Künstler, die Zugehörigkeit zu einer Fangemeinde und in besonderem Maße auch der Wunsch mit dem Künstler in Kontakt treten zu können, eine zentrale Rolle.*"[38] Der ökonomische Nutzen für den Künstler liegt dabei bei der direkten Zusammenarbeit zwischen Netzwerk (Last.FM) und Vertrieb (Amazon), die hier nur einen Klick voneinander getrennt sind.

4. Die illegale Alternative – Formen von Internetpiraterie

Cooper und Harris führen die Anfänge der Filesharingbewegung auf die Entwicklung des Internet Relay Chats (IRC) zurück, welcher es bereits vor der Einführung des World Wide Web (WWW) bewerkstelligte eine simultane Kommunikation mehrerer Klienten zu erzeugen. In diesem Programm war es ebenfalls möglich, Dateien zu versenden, was dazu führte, dass Programme mit Künstlicher Intelligenz bald Datenbanken erstellten, welche in diesem Fall die Verfügbarkeit von Musikstücken auf den Festplatten der anwesenden Chatteilnehmer katalogisierten.[39] Diese Situation kann als Stunde Null der Peer-to-Peer Netzwerke verstanden werden. Es handelt sich dabei um Netzwerke, die durch eine spezielle Software erzeugt werden, welche es sicherstellt, dass Teilnehmer die gesuchten Daten finden, herunterladen und selbst anbieten können. Ein zentraler Server ist dabei nicht verantwortlich, da lediglich das Vorhandensein der Daten, nicht aber die Daten selbst, von einer Sammelstelle verwaltet wird.[40] Aus dieser Tradition heraus entwickelte Shawn Fanning 1998 die erste und bis dato größte Tauschbörse der Welt, Napster.[41] Jedoch soll sich in dem Abschnitt dreier illegal genutzter Filesharingangebote angenommen werden, die nicht in der zugrunde liegenden Fachliteratur zu finden sind, aber dennoch innerhalb der Filesharingszene über einen großen Nutzerkreis verfügen. An dieser Stelle wird das Programm Bitorrent und die Plattform Rapidshare eingeführt, da diese vom ursprünglichen Prinzip von Napster signifikant abweichen.[42] Die Intentionen bei der Programmierung dieser Beispiele waren dabei stets

---

[38] vgl. Rodriguez 2007, Seite 170
[39] vgl. Copper/Harrison 2001, Seite 74-77
[40] vgl. Strack 2003, Seite 68f
[41] vgl. Rodriguez 2007, Seite 179
[42] Die Geschichte und das Funktionsprinzip der Napstersoftware soll hier zugunsten der Einführung alternativer Angebote nicht näher erläutert werden. Für nähere Informationen zu Napster empfiehlt sich Rodriguez 2007, Seite 179ff sowie Strack 2003, Seite 74ff

redlich, wurden jedoch schnell für illegale Aktivitäten entdeckt und zum Zweck der Internetpiraterie pervertiert.

BitTorrent ist eine dezentrale Internettauschbörse, welche speziell für den Austausch von großen und sehr beliebten Dateien geeignet ist. Der Vorteil zu anderen Tauschbörsen ist, dass Dateien in kleine Segmente (Chunks) unterteilt versendet werden, die bereits von anderen Nutzern bereitgestellt werden. So kann ein Teil einer Datei bereits von einem Client heruntergeladen werden, obwohl dieser die vollständige Datei noch nicht besitzt. Über Programm eigene Dateien (Torrent-Files) kann der Download identifiziert werden. Die Prüfsumme, welche im Torrent-File vermerkt ist und in der Zieldatei errechnet wird, garantiert, dass es sich tatsächlich um das angebotene Material handelt und nicht um eine Datei gleichen Namens und gleicher Größe mit möglicherweise anderem Inhalt, wie es über Napster beispielsweise geschehen konnte. [43] Die Bezugsquellen spielen hier jedoch eine wichtige Rolle beim Erwerb von Inhalten. An dieser Stelle wird die dezentrale Organisation des Netzwerkes tragend. Es gibt keine festen Server. Innerhalb des BitTorrent Netzwerkes befinden sich Tracker, welche eine Vermittlerposition einnehmen und die Suchanfragen koordinieren. Der Vorteil hier ist, dass die Tracker die angebotenen Inhalte filtern können und nur Dateien zum Download freigeben, welche die eigene Prüfung bestanden haben. Jedoch können auf diese Weise über einzelne Tracker auch illegale Inhalte in das Netzwerk eingeschleust werden. [44] Von Vorteil für die illegale Beschaffung urheberrechtsgeschützter Inhalte ist das BitTorrent Netzwerk zum einen, da es entscheidend für die Distribution legaler Inhalte mitverwendet wird, was das Gesamtbild des Netzwerks in der Öffentlichkeit erhellt. Weiter ist es rechtlich unrentabel, jeden Tracker illegaler Inhalte von Netz zu nehmen, da sich die Position der Tracker stetig ändert und das Angebot eines einzelnen Trackers zumeist eher begrenzt ist. Ihre Zahl ist dabei zu groß, als dass Einzelpersonen das Netz zum Erliegen bringen können.

Im Firmenprofil beschreibt sich die deutsche Internetseite *Rapidshare* (www.rapidshare.de) als „einer der grössten und schnellsten 1-Click-Filehoster der Welt." [45] Der Anbieter stellt damit ein Client-Server-Modell vor, bei dem Nutzer Dateien in eine zentrale Datenbank hochladen und aus dieser herunterladen können. [46] Diese Datenbank ist allerdings derart groß, dass der Vorteil der Überwachung der Inhalte, auch auf Grund verwendeter

---

[43] vgl. Strack 2003, Seite 105
[44] vgl. http://www.pcfreunde.de/artikel/a339/bittorrent-clever-navigieren-im-grossen-datenstrom/ [Stand: 10.02.2009]
[45] vgl. http://rapidshare.com/wiruberuns.html [Stand: 11.02.2009]
[46] vgl. Strack 2003, Seite 67

passwortgeschützter Archive und veränderter Dateinamen, nicht gewährleistet werden kann. Diese Sicherheit für die Verbreitung entfremdeter und passwortgeschützter illegaler Inhalte wurde bereits mehrfach von Rapidshare gegeben. [47] Der letzte Lichtblick ist jedoch die Maßnahme, dass die Datenbank von Rapidshare nicht von jedem eingesehen werden kann. Lediglich der hochladende Nutzer erhält einen Link unter dem seine Datei zum Download zur Verfügung steht. Wie mit dem Link darauf verfahren wird und wo er veröffentlicht wird ist jedoch alleinige Entscheidung dieses Nutzers. Der Nutzer wird dabei sehr viel aktiver als bei anderen Netzwerken, wo künstliche Intelligenzen die Inhalte katalogisieren, jedoch verfügt Rapidshare über einen derart großen Nutzerkreis, dass der Arbeitsaufwand für den Einzelnen minimal gehalten werden kann im Vergleich zu dem Nutzen, den er über veröffentlichte Links von anderen erhält. Die Angaben von Rapidshare stellen zudem die Verfügbarkeit von Dateien sicher, welche mindestens alle 90 Tage abgefragt werden. In diesem Fall ist die Verweildauer in der Datenbank unbegrenzt. [48]

5. Exkurs: Was der Kunde wünscht – Kaufverhalten im Internet

Als Abschluss dieser Arbeit erfolgt nun eine Darstellung der Bedürfnisse des Kunden bezüglich des Musikerwerbs im Internet. Lange Zeit versäumte die Plattenindustrie die Erschließung des Internets als ökonomisches Medium zur Distribution digitaler Musik. Heute sind ein paar Regeln bekannt, nach denen sich der erfolgreiche Vertrieb organisiert.

Zwei Kerneinsichten haben sich nach den ersten Versuchen des virtuellen Vertriebs herauskristallisiert. Zum einen erwartet der Kunde an einem Ort alles zu finden, was er sucht. Eine Internetplattform sollte demnach ein Vollsortiment führen. Dies zwang die einzelnen Labels schließlich zu einer Zusammenarbeit auf der Grundlage einer sammelnden und distribuierenden dritten Instanz (zum Beispiel iTunes Store). Die zweite Erkenntnis ist bis heute nicht konsequent durchgesetzt, wird jedoch von immer mehr Instanzen in Erwägung gezogen. Es handelt sich hierbei um die Einführung und Einhaltung eines gängigen Standards. Bei physikalischen Tonträgern stellt die Audio-CD bis heute ein Format dar, welches von allen Abspielmedien akzeptiert wird. In der digitalen Tonträgerindustrie äußert sich diese Erkenntnis in der Rückführung zum MP3-Format, was jedoch auf Grund der oben beschriebenen Sicherheitsmängel noch nicht von allen Labels akzeptiert wird. [49]

---

[47] vgl. http://futurezone.orf.at/stories/317670 [Stand: 11.02.2009]
[48] vgl. http://rapidshare.com/faq.html [Stand: 10.02.2009]
[49] vgl. Rodriguez 2007, Seite 20 sowie Seite 187

Weniger in den Vordergrund rückt online die Covergestaltung eines Titels, wogegen das Artwork bei CDs oder Schallplatten eine bedeutende Rolle spielte. In der digitalen Musiksammlung fungiert es vielmehr als Orientierung bei der Archivierung des Materials. Dafür kommt es Online vermehrt zu spontanen Einzelkäufen. Das Format des Albums – wie es oben bereits angesprochen wurde – verliert bei der Internetdistribution deutlich an Wert. Der manipulative Charakter eines Internetshops wird ebenfalls als gravierend beschrieben. So kauft der Kunde gezielt das Angebot, welches ihm vom Shop nahegelegt wird, in der Hoffnung es treffe seinen bisherigen Geschmack.[50]

---

[50] vgl. Rodriguez 2007, Seite 141f

6. Quellenverzeichnis

6.1. Literatur

- Cooper, J. / Harrison, D. M. (2001) „The social organisation of audio piracy on the Internet" In: „Media, Culture & Society" Vol. 23
- Rodriguez, Tina (hg.) (2007) „www.musikverkaufen.de" Musikmarkt-Verlag München
- Strack, Jan (2003) „Musikwirtschaft und Internet" Magisterarbeit im Fach Musikwissenschaften Universität Gießen

6.2. Internetquellen

- http://shop.myby.com/1000GB-USB2.0-3-5-RTL/DySsFFZ7kKgAAAEa0_Y6FLh1-detail.html [Stand: 04.02.2009]
- http://www.id3.org/ [Stand: 06.02.2009]
- http://www.napster.de/ [Stand: 07.02.2009]
- http://www.jamendo.com/de/ [Stand: 07.02.2009]
- http://amiestreet.com/ [Stand: 07.02.2009]
- http://www.youtube.com/t/faq [Stand: 09.02.2009]
- http://www.kleiner-hai.com/ [Stand: 09.02.2009]
- http://www.spiegel.de/kultur/musik/0,1518,549506,00.html [Stand: 09.02.2009]
- http://www.myspace.com/index.cfm?fuseaction=misc.aboutus [Stand: 09.02.2009]
- http://creativecommons.org/licenses/by-nc-sa/2.0/de/ [Stand: 09.02.2009]
- http://de.creativecommons.org/was-ist-cc/ [Stand: 09.02.2009]
- http://www.apple.com/de/itunes/whatis/ [Stand: 09.02.2009]
- http://www.pcfreunde.de/artikel/a339/bittorrent-clever-navigieren-im-grossen-datenstrom/ [Stand: 10.02.2009]
- http://www.nme.com/news/muse/35162 [Stand: 09.02.2009]
- http://rapidshare.com/wiruberuns.html [Stand: 11.02.2009]
- http://futurezone.orf.at/stories/317670 [Stand: 11.02.2009]
- http://rapidshare.com/faq.html [Stand: 10.02.2009]